T0401671

La hora de la verdad

Animales alfa

Saskia Lacey

Créditos de publicación

Rachelle Cracchiolo, M.S.Ed., *Editora comercial*
Conni Medina, M.A.Ed., *Gerente editorial*
Nika Fabienke, Ed.D., *Realizadora de la serie*
June Kikuchi, *Directora de contenido*
Caroline Gasca, M.S.Ed., *Editora*
John Leach, *Editor asistente*
Sam Morales, M.A., *Editor asistente*
Lee Aucoin, *Diseñadora gráfica superior*
Sandy Qadamani, *Diseñadora gráfica*

Créditos de imágenes: todas las imágenes de iStock y/o Shutterstock

Teacher Created Materials
5301 Oceanus Drive
Huntington Beach, CA 92649-1030
http://www.tcmpub.com

ISBN 978-1-4258-2713-7

Made in China
Nordica.102017.CA21701217

Contenido

Grupos de animales: ¿Juntos es mejor?

No es fácil sobrevivir en estado salvaje. Hay **depredadores** en cada rincón. Se debe confiar en la propia **manada**. Aquí se trata de comer o de que te coman. No hay términos medios. Algunos animales son alfa: los líderes de la manada. Otros son seguidores. Siguen a los animales alfa.

Existe conflicto en todas las **comunidades** de animales. Pero en algunos grupos hay más que en otros. El feroz gorila de montaña peleará para proteger su grupo. El lobo alfa morderá y rasguñará para seguir siendo el líder de su manada. Cada una de estas **especies** lucha por el poder. Deben hacerlo. ¡La vida de su manada depende de ellos!

Feroces y peludos

Durante la temporada de reproducción, los lobos marinos macho luchan por el **territorio**. Gruñen y graznan mientas se atacan. Estas bestias están dispuestas a pelear hasta morir.

Choque de cuernos

Los borregos cimarrones son famosos por sus contiendas a cabezazos. Se cabecean con sus cuernos de 40 libras (18 kilogramos). Estas peleas determinan el lugar que cada animal ocupará en la manada. Afortunadamente, están protegidos por cráneos de dos capas.

Las justas de la jungla

Los gorilas occidentales de llanura son únicos. Son muy **sociables**. Viven en manadas. Durante su vida, pueden mudarse algunas veces. Como consecuencia, estos gorilas son capaces de **adaptarse**.

El grupo en el que nace un gorila se llama "**natal**". Una vez que tienen la edad suficiente, pueden abandonar su hogar. O pueden quedarse con su manada natal.

Salvemos a los gorilas

Los gorilas occidentales de llanura están en grave peligro de extinción. Su población ha disminuido considerablemente en los últimos años. Esto significa que estos gorilas podrían **extinguirse**.

La nariz sabe

Los seres humanos tienen patrones únicos en los dedos. No hay dos personas con las mismas huellas dactilares. Los gorilas también tienen patrones en los dedos. Pero además tienen marcas únicas en la nariz. ¡Esto significa que todas las narices son distintas!

Gorila en crecimiento

Mientras son bebés, los gorilas de montaña dependen de su madre. Están siempre cerca de su mamá. Los bebés gorila comen, duermen y se trasladan con su madre. Algunos viajan en la espalda de su madre hasta los dos o tres años.

Al crecer tienen que elegir. ¿Se quedarán con su manada? ¿O se irán? Algunos machos prefieren quedarse con su manada natal. Quizá reemplacen al macho alfa de su manada cuando llegue el momento.

Hembras alfa

Los bonobos no son como otros simios. Las manadas están lideradas por hembras alfa. Las hembras jóvenes se trasladan a otros grupos. Los machos permanecen en su manada natal, cerca de sus madres.

Otros gorilas macho eligen dejar su manada natal. Algunos se unen a otros grupos con machos y hembras. Otros se unen a manadas de machos jóvenes únicamente. Se denominan "manadas de solteros".

A veces, un gorila trata de formar su propia manada. Esto puede ser peligroso. Es probable que tenga que robar hembras de otra manada. ¡Esto quiere decir que deberá desafiar al macho alfa!

Un rugido en la jungla

Cuando los gorilas se enfrentan, la lucha es ruidosa. Gruñen, braman y rugen. Se golpean el pecho. Pueden producirse batallas dentro de la manada. Y también fuera de esta.

El jefe supremo

En una manada de gorilas, el animal alfa es el más poderoso. Controla en qué momento el grupo come, duerme y se traslada. ¡Se hace lo que dice el animal alfa!

De manada en manada

Los gorilas hembra también van de manada en manada. Cuando son adultos, pueden quedarse con su grupo natal. O pueden elegir unirse a otro.

Las hembras eligen su nuevo hogar después de analizar al animal alfa de la manada. Quieren saber si tendrán un lugar en el nuevo grupo. Además, desean pertenecer a un grupo que tenga un líder fuerte. Las hembras eligen los animales alfa que tienen un gran territorio. Es posible que se unan a varias manadas durante toda su vida.

Cuanto más grande, mejor

Los combates entre gorilas no siempre son violentos. A veces se atacan pero no llegan a tocarse. Un animal alfa puede ganarse el lugar más importante de un grupo simplemente por ser el más grande.

La ley del más fuerte

Los lobos grises son la especie de **caninos** más grande. Estas criaturas feroces viven en manadas que se trasladan, comen, duermen y cazan juntas.

Cada manada tiene entre seis y ocho lobos, pero algunas son mucho más grandes. Pueden tener hasta dos docenas de lobos. La mayor parte son familias. Los miembros de la manada son los **descendientes** del macho alfa y la hembra alfa. Estos dos lobos son los miembros **dominantes**. Son los que guían el comportamiento de toda la manada.

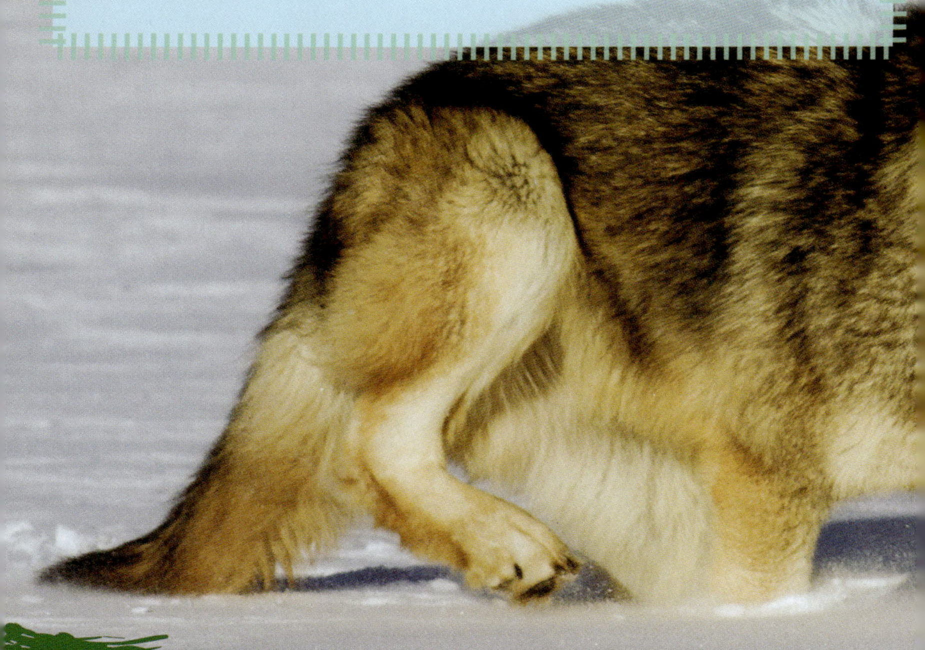

La protección de los lobatos

Los lobatos, o lobos bebé, son muy valorados por la manada. Están al cuidado de todos los lobos del grupo. Cuando son muy pequeños, los protegen en guaridas.

La comunicación entre lobos

Cuando los lobos se comunican entre sí, aúllan, gañen y gimen. El sonido del aullido de un lobo puede escucharse a millas de distancia. Puede significar varias cosas. Los lobos aúllan para seguirse el rastro unos a otros y para informar a la manada que encontraron alimentos.

Los lobos también se comunican con el cuerpo. Cuando un lobo se enfrenta a otro, se le **erizan** los pelos del lomo y gruñe. Los lobos alfa también usan este comportamiento para demostrar su **rango** dentro de la manada. Los lobos **sumisos** se tiran al suelo y tocan con la pata al animal alfa para demostrar su rango.

Aprender de la cola

Puedes aprender mucho sobre los caninos a partir de su cola. Cuando un lobo se acerca a un animal dominante de su manada, baja la cola y el cuerpo. En cambio, un lobo dominante camina erguido y con la cola en alto.

Los tipos de dientes

Los lobos usan distintos dientes según la tarea. Para abatir a una presa, usan los dientes caninos. Cuando comen, usan los dientes incisivos delanteros para arrancar trozos de carne pequeños. Los dientes posteriores sirven para triturar los huesos y comer el tuétano.

Modales a la hora de comer

Aunque desde afuera no lo parezca, los lobos siguen reglas durante las comidas. Una vez que se ha capturado la presa, siguen un orden para comerla. La pareja alfa elige primero. Después de que ellos comen, pueden alimentarse los lobos de menor rango. Cuando ya comió el resto de la manada, es el turno de los miembros que tienen menor rango. Suelen ser los animales más jóvenes de la manada.

Los lobos no siempre logran atrapar a su presa. A veces, están más de una semana sin probar bocado. Pueden comer tanto como 20 libras (9 kilogramos) de carne de una sola vez para compensar los períodos sin comida. Después, descansan unos días antes de volver a cazar.

Deambular por todas partes

Los territorios de las manadas de lobos son grandes. Estos territorios de caza pueden llegar a tener 1,200 millas cuadradas (3,108 kilómetros cuadrados), ¡tanto como la isla de Samoa!

La competencia en el gallinero

Puede no parecerlo, pero las gallinas pueden ser bravas. Estas aves no temen pelear por lo que quieren. Se picotean unas a otras para establecer su rango dentro del averío. A veces, estos picotazos pueden resultar mortales.

Por lo general, el rango se determina rápidamente. Si hay un gallo en el averío, se convierte en alfa. Si hay dos, competirán por el primer lugar. Si no hay gallos, una gallina se abrirá camino a picotazos para lograr la posición alfa. Las aves más fuertes y sanas tienen rangos superiores a las débiles y enfermizas.

Grandes amigos plumíferos

Las gallinas hacen amistades como las personas. Se quedan juntas a lo largo del día. Según algunos dueños, si una gallina se va, su mejor amiga se queda donde la vio por última vez.

Gallos contra humanos

Los gallos y las gallinas consideran que los humanos son sus animales alfa. Bueno, casi siempre. A veces, los gallos intentan dominar a los humanos. ¡Ten cuidado con ese pico!

Picotazos y graznidos

Cuando se incorporan nuevas aves al averío surgen problemas. Comienzan nuevamente los picotazos y todas las aves deben pelear para mantener su rango.

A veces, atacan en grupo a una gallina y no dejan de picotearla. Se debe retirar esa gallina del averío para salvarle la vida. De lo contrario, podrían picotearla hasta la muerte. Si matan una gallina, se la podrían comer.

Las gallinas son **vocales**. Cloquean y graznan para comunicarse. El gallo o la gallina alfa gritan para informar al averío sobre alimentos o peligro. Los animales alfa cumplen una función importante. Cuidan al resto del averío.

Mamás orgullosas

Cuando las gallinas ponen huevos, cloquean y gorjean para anunciarlo. Quieren que todo el mundo se entere. Es otro ejemplo de cómo se comunican.

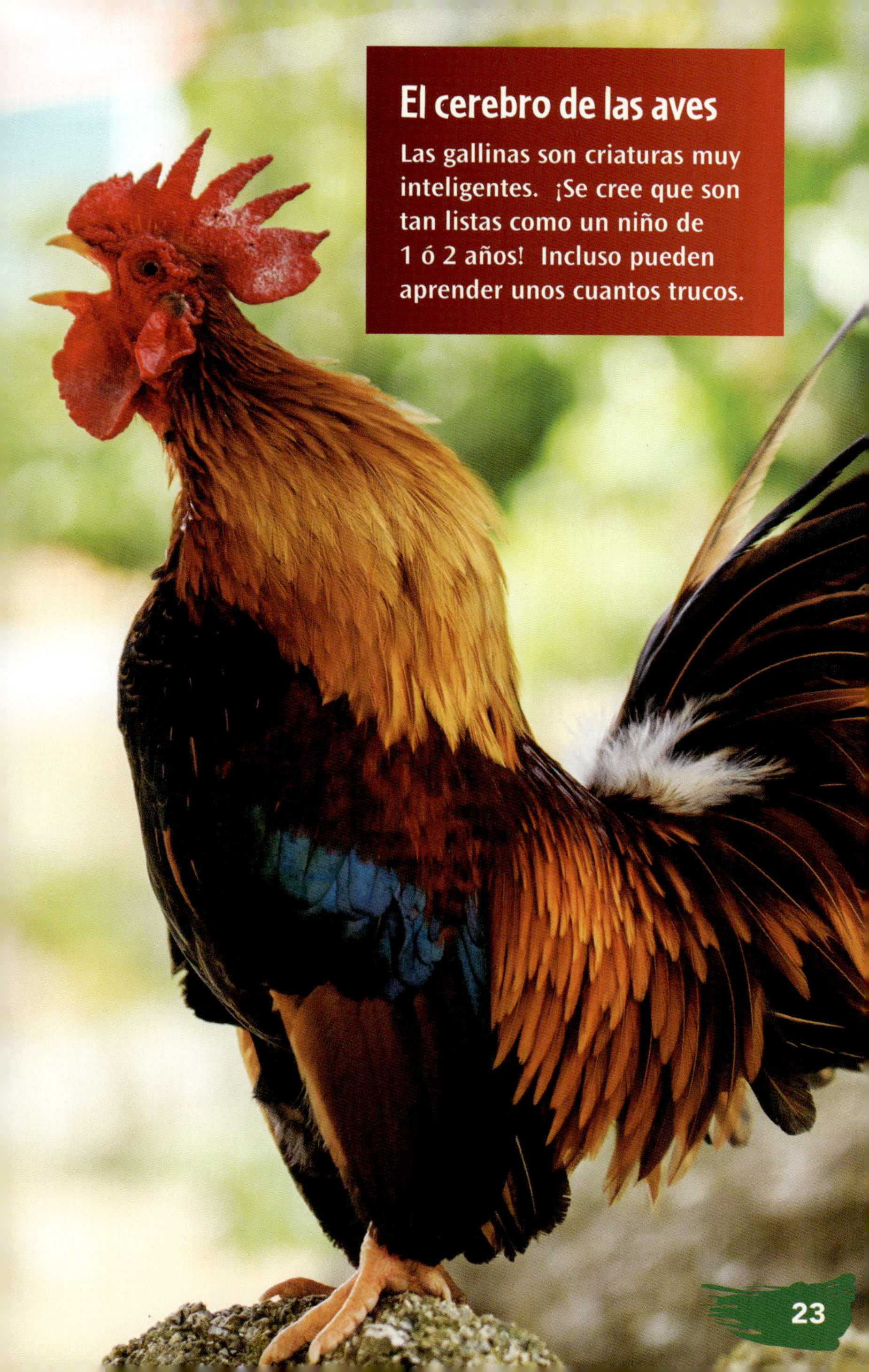

El cerebro de las aves

Las gallinas son criaturas muy inteligentes. ¡Se cree que son tan listas como un niño de 1 ó 2 años! Incluso pueden aprender unos cuantos trucos.

El gallinero

Las gallinas necesitan lugar para moverse y agitar las alas. A menudo, se las tiene en lugares pequeños. Estos lugares pueden llenarse demasiado. Como consecuencia, las gallinas pueden ser más violentas.

Los picoteos son más frecuentes cuando hay poco lugar. En parte, se debe a que hay menos unión entre las gallinas. Es difícil crear vínculos cuando hay cientos de gallinas alrededor.

Los animales necesitan lugar para vivir y crecer. Este espacio debe estar limpio y ser cómodo. En muchas granjas las gallinas se crían al aire libre. Esto significa que pueden deambular libremente. ¡Pueden ejercitarse y explorar!

Máquinas de poner huevos

Las gallinas comienzan a poner huevos cuando tienen aproximadamente seis meses. Cuando están en estado salvaje, ponen huevos durante el verano. En las granjas, ponen huevos durante todo el año. ¡Una gallina puede poner 300 huevos en un año!

Gallinas en libertad

Las granjas responsables brindan mucho espacio para que las gallinas deambulen. Las gallinas que se crían en libertad pasan su vida al aire libre. ¡Tienen lugar para sentarse, volar y bañarse con tierra!

Juntos son más fuertes

Formar parte de un grupo de animales no es fácil. Ya sea una manada, un rebaño o un averío, la lucha por sobrevivir es real. Cada miembro del grupo tiene obligaciones. Los animales alfa deben demostrar su fortaleza y proteger a su grupo. Los demás deben seguir el ejemplo del animal alfa o arriesgarse a una pelea.

Los grupos brindan seguridad a los animales. Tienen más probabilidades de sobrevivir si están juntos. Se cuidan entre sí. Cuando el peligro acecha, se avisan. Si encuentran comida, celebran juntos. ¡Es un esfuerzo, pero vale la pena!

Burbujas valientes

Algunos delfines muestran su agresividad de manera especial. Se persiguen y golpean la cola contra el agua. ¡También hacen burbujas con los orificios nasales!

El rey de los canguros

En los grupos de canguros, el animal alfa suele ser un macho. Es el más grande y fuerte del grupo. Muerde, patea y pelea contra sus rivales.

Glosario

adaptarse: cambiar para que la vida sea más fácil

caninos: perros o animales de la familia de los perros

comunidades: grupos que viven en la misma zona

depredadores: animales que viven de matar y comer otros animales

descendientes: crías de persona, animal o planta

dominantes: más importantes, poderosos o exitosos que la mayoría o que todos los demás

erizan: se levantan y ponen rígidos

especies: individuos del mismo tipo y con el mismo nombre

extinguirse: no existir más

manada: grupo de animales que viven y cazan juntos

natal: relacionado con el nacimiento

rango: posición en una sociedad, una organización o un grupo

sociables: que tienden a relacionarse y vivir en grupos

sumisos: que permiten que otros estén a cargo

territorio: zona que un animal o grupo usa y defiende

vocales: que hacen mucho ruido

Índice

¡Échale un vistazo!

Libros

Goodall, Jane. 1996. *My Life with the Chimpanzees*. Aladdin.

Kalman, Bobbie. 2005. *El ciclo de vida del león*. Crabtree.

Videos

National Geographic. "Big Ram Rumble." YouTube.

National Geographic. "Wolf Hunting Tactics." YouTube.

National Geographic Español. "Documental Gorila Macho Alfa Macumba." YouTube.

Páginas web

National Geographic en Español. *Animales*. www.ngenespanol.com/naturaleza/animales/.

Smithsonian's National Zoo & Conservation Biology Institute. nationalzoo.si.edu/animals.

¡Inténtalo!

Es probable que hayas escuchado sobre los árboles genealógicos, ¿pero sobre los árboles genealógicos de lobos? Casi todas las manadas de lobos son grupos familiares. Haz un gráfico de una familia de lobos imaginaria. Muestra la conexión que existe entre los miembros de la manada.

- ¿Cuántos lobos hay en la manada? ¿Cómo se relacionan?
- ¿Cuál es el animal alfa? ¿Qué función tiene este lobo en la manada?
- ¿Cuáles son las funciones del resto de los lobos?
- ¿Hay rivalidades en la manada?
- Escribe una historia sobre la formación de tu manada de lobos.

Acerca de la autora

Saskia Lacey es la autora de *Jurassic Classics: The Prehistoric Masters of Literature* y *Technical Tales: How to Build a Plane*, así como de otros 15 libros. Algún día desea escribir un libro sobre el comportamiento de una jauría de perros domésticos. ¡Su animal de jauría preferido es su perra, Lily, que es el animal alfa de su casa!